Criaturas Fascinantes
Mono tarsero y Ornitorrinco

Por Patricia T. Bloomberg
Ilustradora: Gianna Ingber

ISBN: Tapa Blanda   9-781-4633-7615-4
                 Libro Electrónico   9-781-4633-7616-1

Este libro fue impreso en los Estados Unidos de América.

Fecha de revisión: 05/09/2014

Para realizar pedidos de este libro, contacte con:
Palibrio LLC
1663 Liberty Drive
Suite 200
Bloomington, IN 47403
Toll Free from the U.S.A 877.407.5847
Toll Free from Mexico 01.800.288.2243
Toll Free from Spain 900.866.949
From other International locations +1.812.671.9757
Fax: 01.812.355.1576
orders@palibrio.com
468009

MONO TARSERO
(Tarsius tarsier)

TABLA DE CONTENIDOS

¡Que curioso!

El mono tarsero o mono **fantasma** es un **primate nocturno** y **arbolícola**. Se le llama fantasma porque es muy difícil verlo. Se le conoce como tarsero por tener los **tarsos** muy largos y adaptados para el salto vertical entre árboles. Estos monos hacen un sonido especial, como un canto para comunicarse entre ellos. Al hacer esto, se parecen a las aves.

Es muy pequeño y peludo de color pardusco. Su cabeza es redonda y el cuello corto. Sus orejas son membranosas, redondeadas y están en continuo movimiento. Su cuerpo mide entre 8 y 16 cm de largo y pesa entre 80-170 gramos. Su larga cola mide aproximadamente entre 13 y 27 cm. que usa para sostenerse sobre las ramas de los árboles. La punta de la cola es peluda a manera de brocha.

El mono tarsero tiene la cola con apariencia de brocha.

Las patas delanteras son cortas y las traseras muy largas. Estas patas traseras son casi el doble del largo total del cuerpo y son especializadas para el salto. Estos monos pueden saltar hasta seis metros de altura. Los dedos de las manos y pies son muy largos y delgados. El segundo y tercer dedo de las patas los usa para peinarse. Los dedos terminan en uñas y ensanchamientos que les ayuda a agarrarse de las ramas de los árboles.

Como otros monos, marcan su territorio con su propio olor.

El oído es bastante desarrollado y le ayuda no solo para protegerse de **predadores** como búhos y lagartijas gigantes, sino también, para cazar sus presas.

Los monos tarsero tienen los ojos de color miel, muy grandes-aun más grandes que su cerebro- y adaptados para su vida nocturna. En los ojos los monos tarsero no tienen **tapetum lucidum** como en la mayoría de los primates nocturnos. A cambio de esta capa tienen una **fovea** que les ayuda a tener una visión **nítida** durante la noche.

A estos animales no les es posible mover sus grandes ojos **lateralmente**. Sin embargo, ¡pueden girar su cabeza 360 grados, de la misma forma que lo hacen los búhos!

¿Que hace?

Es nocturno, activo durante la noche y descansa durante el día. ¡El mono tarsero es **carnívoro**. Se alimenta de principalmente de insectos, arañas y lagartijas vivos!

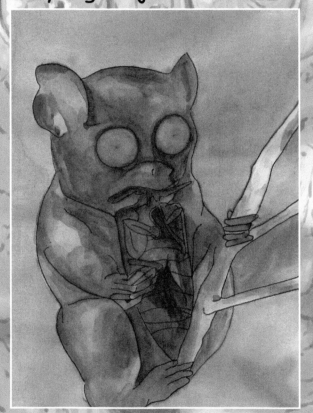

El mono tarsero es predador y se come sus presas vivas.

Estas criaturas pueden tener diferentes sitios para dormir sobre las ramas de un mismo árbol.

En cautiverio, los monos tarsero pueden tener un promedio de vida de 16 años.

Vivienda

El mono tarsero se encuentra en las islas asiáticas de **Filipinas, Brunei e Indonesia**.

Sus lugares favoritos son los bosques y las plantaciones de coco y **nuez moscada**. Por esta razón muchos humanos los cazan. La destrucción de su medio ambiente natural debido a **deforestación** y crecimiento de zonas **urbanas** ha ayudado a que estas fascinantes criaturas sean afectadas negativamente, disminuyendo su población y desarrollo.

Desafortunadamente este mono se ha clasificado como una especie **vulnerable** (VU) en la lista roja de IUCN.

Sinembargo, existe una reserva natural de estos monos en Tangkoko, en la parte norte de Sulawesi, isla de Indonesia.

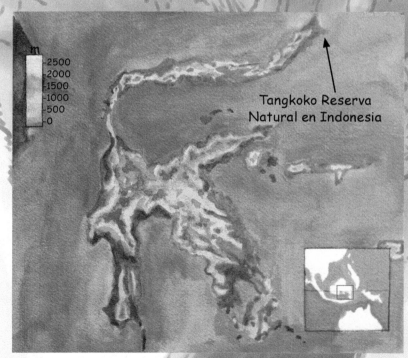

Tangkoko Reserva
Natural en Indonesia

Es un mamífero

El mono tarsero esta cubierto de pelo, tiene sangre caliente, los bebes nacen enteros y se alimentan de leche materna al nacer. Por todas estas características el mono tarsero se clasifica como mamífero. El macho pesa entre 118-130 gramos. La hembra puede pesar entre 102-114 gramos.

La época de reproducción y cría es entre Abril y Mayo o entre Noviembre y Diciembre. Los bebes nacen muy bien desarrollados y están listos para saltar 24 horas después de nacer.

El embarazo de estos monos dura alrededor de 5-6 meses y la lactancia solo 80 días. Generalmente tienen solo un bebé a la vez.

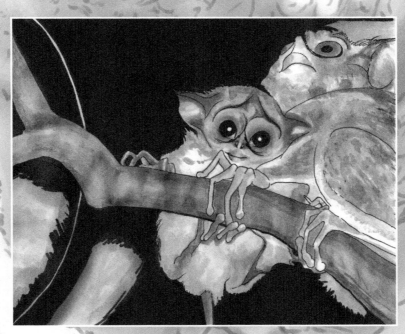

El embarazo de los tarseros es de 5 a 6 meses.

Debemos decir NO

Para proteger a estos animales debemos decir NO a:
- NO a la caza de estos animales
- NO al consumo de su carne
- NO a la compra y venta ilegal de ellos o de sus partes corporales
- NO a usarlos como mascotas
- NO a la deforestación y crecimiento urbano

Vocabulario

Fantasma: visión como la que se ve en los sueños

Primate: mamífero de organización superior

Arborícola: que vive en los árboles

Nocturno: mas activo en la noche

Tarso: conjunto de huesitos que forman parte de las patas

Predador: que mata a otros de su misma especie para comérselos

Lateralmente: hacia los lados

Carnívoro: que se alimenta de carne

Tapetum lucidum: capa del ojo especializada que ayuda a reflejar la luz

Fovea: porción pequeña de la retina de los primates que constituye el punto de máxima agudeza visual

Nítida: imagen muy clara

Nuez moscada: Fruto seco proveniente de las Islas Molucas en Indonesia

Deforestación: Acto de quemar y cortar áreas naturales generalmente por las industrias de madera, agricultura y minería

Urbanas: Referente a ciudad. Caracterizada por altas densidades de población.

Brunei: Área localizada en la costa norte de la Isla de Borneo

Indonesia: Archipiélago o conjunto de islas que se encuentran el sur-este de Asia

Filipinas: Isla al sureste de Asia en la parte oeste del Océano Pacífico

Vulnerable: que puede ser afectado negativamente

Extinción: desaparecer

Índice

Bibliografía

Petrie, Kristin. Tarsiers, ABDO Publishing Company, Mankato, Minnesota 1970

Páginas de Internet:
www.bohol.ph
http://a-zanimals.com
http://www.arkive.org

ORNITORRINCOS
(Ornithorhyncus anatinus)

TABLA DE CONTENIDOS

Tres en uno

Los **ornitorrincos** son animales con pico de pato, cuerpo de nutria, y cola ancha y plana como la cola del castor. Su pico es flexible y suave al tocar. Detrás del pico se extiende hacia atrás el escudo frontal dónde se observan los ojos y los hoyitos de los oídos. Sus patas son cortas y palmeadas con fuertes uñas, ponen huevos y están cubiertos de pelaje como los **mamíferos**. El pelaje de su espalda es de color marrón y su barriga es gris amarillenta.

Un ornitorrinco puede ser del tamaño de un gato, medir entre 38-46 cm. y pesar alrededor de 2 Kg. El promedio de vida de un ornitorrinco es de 12-15 años. Recientes pruebas de **ADN** han demostrado que esta criatura fascinante es como un **eslabón** perdido en la **cadena alimenticia**: Es **ave**, es **reptil** y es **mamífero**, todo a la vez.

¿Es un mamífero?

Hace muchos años no se sabía a que grupo de animales pertenecía el ornitorrinco. Sin embargo, algunos científicos tuvieron la suerte de observarlos en cautiverio y encontraron que la madre ornitorrinco alimenta a sus bebes con leche materna desde el momento de nacer y cuida de ellos durante 4-5 meses.

¿Qué hace?

Los ornitorrincos son animales nocturnos lo que significa que son activos de noche y duermen durante el día. Los ornitorrincos cavan sus propias **madrigueras** cerca de corrientes de ríos, lagunas o arroyos. Son excelentes nadadores y buscan su comida durante la noche en aguas dulces. Se alimentan de gusanos, camarón de agua dulce e insectos. Los ornitorrincos deben consumir grandes cantidades de alimento para sobrevivir.

¡Los ornitorrincos pueden comer durante doce horas seguidas! Al igual que los patos, los ornitorrincos no tienen dientes. Usan el paladar duro del pico para masticar la comida. Dentro del agua, cazan sus presas y las ponen en unas bolsas que tienen en las mejillas. Los ornitorrincos al nadar cierran los ojos y la nariz, sin embargo, la sensibilidad de su pico les ayuda a detectar sus presas bajo el agua. Luego, afuera del agua, mastican y consumen sus presas.

Los machos tienen, en cada talón de sus patas traseras, un afilado espolón que produce **veneno** que les sirve de defensa contra sus **depredadores.** Algunos depredadores que se alimentan de ornitorrincos son águilas, búhos, serpientes y zorros.

Vivienda

La mayoría de los ornitorrincos viven en **madrigueras** que ellos construyen con sus fuertes uñas. Una madriguera puede tener una profundidad de 30 metros bajo tierra. Los ornitorrincos viven principalmente en la costa oriental del **Continente Australiano y en la isla de Tasmania**.

De huevos a crias

El emparejamiento se da a finales de invierno y comienzos de primavera. Con hojas y pastos, la hembra prepara un nido dentro de la madriguera. Luego pone sus huevos. La mamá ornitorrinco puede producir de uno a tres huevos. Ella misma **incuba** sus huevos al estilo de las aves. Para lograr esto los pone sobre su barriga caliente. Las crías nacen después de diez días. La madre no abandona el nido sino hasta cuando sus bebes han nacido.

Los bebes ornitorrincos nacen con dientes; estos les ayuda a romper el cascarón del huevo en el momento de nacer pero después estos dientes desaparecen completamente. Al nacer, el bebé ornitorrinco tiene el tamaño de un frijol, no tiene pelaje ni uñas, sus ojos están cerrados y se alimenta de leche materna por un periodo aproximado de 5 meses. Pasado este tiempo, el bebé ornitorrinco esta listo para nadar y defenderse por si mismo.

Los ornitorrincos son **monotremas** lo que significa que son mamíferos que ponen huevos.

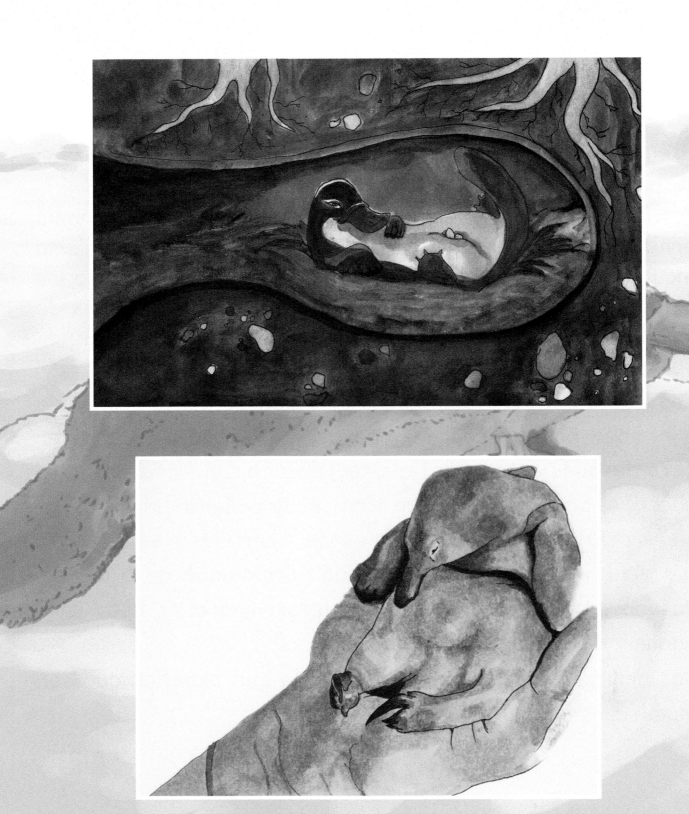

Debemos decir NO

Desafortunadamente en este momento los ornitorrincos de la Isla de Tasmania están siendo afectados por un hongo – Mucorrmycosis- que produce úlceras en el cuerpo y puede hasta causar la muerte a estos animales por infecciones secundarias.

Para proteger a estos animales debemos decir NO a:

- NO a la caza de estos animales
- NO a la contaminación de sus aguas
- NO a la extracción de agua industrial o doméstica
- NO a la deforestación y crecimiento urbano

Vocabulario

Ornitorrinco: "hocico de pato" semejante a un pato.

Mamífero: animal de sangre caliente, bebe leche al nacer, tiene crías vivas, no pone huevos y su cuerpo está cubierto de pelo o pelaje.

ADN: acido desoxirribunucleico. Constituye el material genético de las células

Eslabón: elemento necesario para enlace de acciones o sucesos

Cadena alimenticia: Sucesión de relaciones entre los organismos vivos que se nutren unos de otros en un orden determinado.

Ave: animal vertebrado que pone huevos, tiene alas y pico. Ejemplo gallina, pato

Reptil: animal vertebrado que puede poner huevos. Sus patas están ausentes o son muy cortas. Ejemplo; culebra, lagarto, cocodrilo

Madriguera: casa hecha debajo de la tierra

Veneno: sustancia que en pequeñas cantidades puede producir daño y hasta la muerte

Depredadores: animales que comen otros animales

Incubar: calentar huevos en forma natural o artificial

Continente Australiano: Masa grande de tierra rodeada de agua y situada en el sur- oriente del globo terrestre. Capital, Sydney.

Isla de Tasmania: Situada al sur de Australia
Monotremas: algunos mamíferos que ponen huevos como el ornitorrinco.

Índice

Bibliografía

Caper, William. Platypus a Century-long mystery. Beaportpublishing New York, New York.

Antill, Sara. Platypus, Windmill books, 2011 USA

Murray, Julie. Platypuses, ABDO publishing company. Minnesota USA 2012

Internet:
www.windmillbooks.com/weblinks
www.arkive.com
http://dpipwe.tas.gov.au
http://kelday007007.blogspot.com

CPSIA information can be obtained
at www.ICGtesting.com
Printed in the USA
LVOW02s1909160216

475396LV00014B/164/P